AF586940

MICHEL ODIEUVRE

PEINTRE ET MARCHAND D'ESTAMPES (1687-1756)

Lu dans la Séance du 14 Octobre 1899
Tenue sous la Présidence de M. le Duc de Broglie

Mr Salvador Carmona delineavit et sculpsit 1

Société libre d'Agriculture
Sciences, Arts et Belles-Lettres de l'Eure
Section de l'Arrondissement de Bernay

MICHEL ODIEUVRE

Peintre et Marchand d'Estampes (1687-1756)

PAR

M. l'Abbé C. Guéry

Aumonier du Lycée d'Evreux

BRIONNE
Imprimerie-Librairie E. AMELOT
1899

MICHEL ODIEUVRE

Peintre — Marchand d'Estampes

— *1687 - 1756* —

Michel Odieuvre, fils de Jacques Odieuvre et de Marie Barois (1), naquit en 1687, à Romilly, diocèse d'Evreux, et fut baptisé le 17 décembre par le curé de la paroisse René Bridier (2). Cette famille, alors très nombreuse en ce pays, compte encore aujourd'hui beaucoup de descendants, parmi lesquels nous sommes heureux de signaler le directeur de la *Semaine Religieuse*, M. le chanoine Odieuvre, chevalier de la Légion d'honneur, MM. Odieuvre, de Romilly, de Fourneaux et de Thévray.

Michaud, dans l'article biographique de Michel Odieuvre, le fait naître vers 1690, le confondant ainsi avec un autre Michel, fils de Michel Odieuvre et de Michelle Desseaux, mort à l'âge de 52 ans, le 10 mars 1742. Erreur facile à comprendre en pré-

(1) Jacques Odieuvre et Marie Barois, de ce lieu, après avoir participé et reçu le sacrement de pénitence et qu'il ne s'est trouvé nuls empêchements, ont reçu la bénédiction du Saint-Sacrement de mariage, par nous soubz signé ce quatorze de ce dit mois et an (14 janvier 1686), présence de Christine Ruault, veuve de Charles Odieuvre, Michel Odieuvre, Jacques-Edouard Margueritte, Anne-Etienne Barois, Nicollas Dessaux et aultres leurs parents et amis.

Signé : Jacques Odieuvre, Marie Barois.

(2) Michel Odieuvre, fils légitime de Jacques Odieuvre et de Marie Barois, a esté baptisé par nous soubz signé, ce dix-sept de décembre audit an (1687), son parin Michel Odieuvre, sa marrine Magdeleine Bar, tous deux dudit lieu.

Signé : Michel Odieuvre, avec paraphe,
+ Marraine.
R. Bridier, curé,

Registres de Catholicité à la mairie de Romilly-la-Puthenaye.

sence d'un si grand nombre d'enfants porteurs du même nom, et qu'il faut suivre très attentivement jusqu'à leur décès, si l'on veut éviter toute confusion.

Voici l'article de Michaud : « Odieuvre (Michel), né en Normandie, vers 1690, fut d'abord tailleur, puis peintre, puis enfin marchand de tableaux et de gravures à Paris (1). »

Comment vint à notre jeune normand, après avoir été tailleur, la vocation de devenir peintre ? C'est en vain que, pour résoudre ce problème, nous avons compulsé les registres de catholicité depuis sa naissance jusqu'à sa mort. Son nom ne figure ni dans un baptême, ni dans un mariage : parti dès sa jeunesse de son pays, probablement après la mort de son père, décédé le 29 novembre 1703, il n'y revint jamais.

Michel Odieuvre a-t-il été réellement graveur ? Charles le Blanc, dans son *Manuel de l'Amateur d'Estampes*, l'affirme en ces termes : « Michel Odieuvre, graveur et éditeur français, travaillait à Paris au milieu du XVIIIe siècle » (2). Bryan, dans son dictionnaire des peintres et des graveurs a suivi la même opinion (3). Cependant les gravures de l'époque ne portent jamais cette indication, toutes le mentionnent uniquement comme marchand d'estampes. Quelques-unes, il est vrai, après avoir donné à gauche le nom du dessinateur et à droite celui du graveur, ajoutent au bas du portrait : *Odieuvre excudit*, mais selon moi, dans le sens *d'éditer* certainement et non de *graver* (4).

Au reste son portrait lui-même, dessiné et gravé en 1754, par

(1) Nous adressons nos sincères remerciements à M. le chanoine Porée, qui dans une lettre du 10 janvier 1894, nous indiquait plusieurs sources de renseignements.

(2) Paris 1856, in-8, tome II, p. 113.

(3) « Odieuvre, Michel, was a French engraver and printseller. » Dictionary of Painters and Engravers, biographical and critical by Michel Bryan. — London 1889. Volume II.

(4) Le Mercure de France (9 novembre 1736, p. 2531) dit : « Dans le dernier Mercure (Octobre) à l'article du P. Savonarole on a mis par méprise le nom du marchand Odieuvre pour le nom du graveur. »

Une note d'Henri Bouchot, successeur de Duplessis au département des Estampes, arrivée au dernier moment, me dit que le sens d'*excudit* est toujours *éditeur*.

Salvador Carmona, deux ans avant sa mort, porte simplement cette inscription :

M. ODIEUVRE

PEINTRE ET MARCHAND D'ESTAMPES

Né à Romilly, diocèse d'Evreux en 1687

Si donc il avait été graveur, il n'aurait certes pas oublié de mentionner cette qualité, alors si estimée, puisqu'il mettait celle de peintre. Ce portrait nous offre un homme à la figure énergique, quelque peu hautaine, à l'œil investigateur, au front large, aux lèvres minces et pincées.

Il est donc plus probable, qu'après quelques essais de peinture et de gravure, notre pratique normand trouva plus lucratif et plus assuré de vendre des estampes que d'en faire. Médiocre graveur (1), peut-être, cela ne l'empêchait point d'être fin connaisseur et si nos éloges ne peuvent s'adresser à notre compatriote en cette qualité, nous pouvons sans aucune crainte le féliciter d'avoir su distinguer et encourager de véritables artistes.

On était alors dans la première moitié du XVIIIe siècle qui vit éclore une véritable phalange d'excellents graveurs, sortie de l'école des Cars, des Lebas, des Basan, des Wille. Sept surtout d'après H. Cohen ont eu une véritable supériorité : Eisen, Moreau, Gravelot, Boucher, Cochin, Marillier et Choffard.

Se groupant généralement sous un maître, ils entreprenaient ces éditions luxueuses, aujourd'hui vendues parfois sept ou huit mille francs.

Ainsi Charles Coypel, en 1723, emploie pour illustrer *les Aventures de Don Quichotte* les meilleurs artistes de son temps : Louis Surugue, Aubert, Lépicié, Ravenet, etc. — A la même époque, de Larmessin et les graveurs qu'il dirige tels que Schmidt, Filhœul, Aveline, Tardieu, burinent avec ampleur les compositions peintes de Pater, de Lancret et de Boucher pour les *Contes de la Fontaine*. Des entreprises telles que la gravure de la *Ga-*

(1) M. Henri Bouchot dit dans sa note : « Odieuvre du reste qui était un graveur très médiocre, avait su grouper autour de lui un certain nombre de praticiens. Il était chef ou patron d'un atelier où travaillaient des gens comme Fessard, Filhœul, Pinssio, etc. — (Lettre du 13 octobre 1899).

lerie de Versailles, sous la direction de Massé, viennent mettre en mouvement quantité d'artistes : les Dupuis, Sornique, Ravenet, Fessard, Gaillard, etc.

Lebas, doué d'une incomparable activité s'adjoint des collaborateurs et à son école se forment les plus habiles graveurs de la seconde moitié du siècle : de Longueil, Lemire, au burin si pur, éditeur avec Basan des *Métamorphoses d'Ovide,* Ficquet, qui a si finement rendu presque tous les portraits des *Vies des Peintres Flamands*, etc.

Les frères Guttenberg sont plutôt les élèves de Jean-Georges Wille, ainsi que Tardieu (1).

Ce que firent ces maîtres distingués, Odieuvre l'entreprit. Son idée était de donner les portraits de tous les personnages célèbres non seulement en France, mais encore de l'Europe. Il n'eut qu'à choisir dans cette pléiade d'artistes et leurs noms nous sont un sur garant de son bon goût et de ses connaissances.

Nous trouvons parmi eux en effet, Eisen, Aubert, rangé parmi les meilleurs avec Lépicié, Aveline, élève de Larmessin avec Schmidt, Baléchou (Jean-Jacques), fils d'un bonnetier d'Arles, élève de Lépicié, secrétaire de l'Académie de peinture et célèbre par son portrait d'Auguste III, roi de Pologne (*Galerie royale de Dresde*), Basan, Benoist A., Boizot Ant., Duchange G. graveur du Roi en 1710 et Dupuis Ch., son élève; Fessard Et., élève de Jeaurat et ingénieur-géographe du Roi; Ficquet, élève de Schmidt et de Ph. Lebas, homme unique en son genre; Filhœul, François, Gaillard, Lépicié auteur du portrait d'Antoine Watteau, commandé par Odieuvre, Mathey, Ouvrier, Pelletier, Pinssio, Petit, Ravenet, Schmidt, Sornique, Surugues, Tardieu qui fit pour Odieuvre le portrait du peintre Alexis Belle, Thomassin, enfin Jean Georges Wille.

Ce dernier, né en 1717, à Kœnisgberg dans la Hesse, eut le goût du dessin dès l'âge de deux ans, vint à Paris à l'âge de 19 ans et travailla pour Dallé. Mais dans sa chambre il fit pour Odieuvre des portraits, dont plusieurs sont très remarquables, entre autres celui du Grand Frédéric. Tous ces portraits, dont le mieux payé ne lui valut que 30 livres, coûteraient aujourd'hui 30 ou 40 louis la pièce.

(1) Cohen, 5e édition.

Aussi s'amuse-t-il, dans ses mémoires, de l'excessive parcimonie de Michel Odieuvre. Ces plaisanteries de jeune homme n'atteignent en rien, comme bien vous pensez, Messieurs, notre compatriote qui, chargé d'une entreprise colossale, voulait la mener à bonne fin. Voici quelques extraits de ces mémoires de Jean-Georges Wille et vous n'aurez pas de peine, dans les dialogues, à reconnaître le langage aussi bien que le caractère normand.

« Après cette excursion fantastique, dit-il, et nullement fructueuse pour mes véritables études, je retournai dans ma chambre, où je dessinai un prétendu portrait que je gravai sur une petite planche, que je fis imprimer et dont je montrai une épreuve à un marchand d'estampes qui faisait beaucoup graver et payait peu : il se nommait Odieuvre, et demeurait quai de l'Ecole (c'était vers 1740), vis à vis la Samaritaine du Pont-Neuf ; il regarda mon travail, en disant : « Ça n'est pas mauvais. A propos, ajouta-t-il, je fais dessiner, en ce moment, d'après les médailles, les profils de tous les rois de France, et d'après ces dessins, je les fais graver par d'habiles gens, mais je ne puis donner en conscience que 20 francs par planche. Voyez si vous voulez m'en graver et dites-moi franchement si ce prix vous convient. » — Je répondis qu'il me convenait. — « Bon, s'écria-t-il, j'aime que l'on soit juste et qu'on me rende justice également. » — Au même moment il me remit deux de ces dessins en me recommandant d'en faire surtout une gravure bien profonde.

« Je retournai chez moi avec ces dessins, et en moins de trois semaines la gravure en était faite, et dont aussitôt je portai les planches chez Odieuvre, qui les examina à travers l'enveloppe et les épreuves que j'avais ajoutées ; il les posa dans un portefeuille en me disant : « Je ne suis pas absolument mécontent de votre besogne, il faut que vous soyez complètement satisfait, car je veux vous payer et vous faire voir que j'encourage les artistes. » — Au même moment, il ouvre son tiroir, où ne trouvant pas assez d'argent pour faire la somme requise, il cria à sa femme, qui était vieille, sourde et courbée, et balayait la cuisine : « *Ma poule*, cria-t-il encore, n'as-tu pas quelque argent dans les poches de ton tablier, car je veux payer ce jeune homme qui travaille pour la boutique. » — « Oui, *mon ange*, répondit-elle, » et mit sur le comptoir ce qu'elle avait, dont il me paya en gémissant et disant toujours : « Hélas ! que l'argent s'en va promptement ! » — Malgré ses gémissements, il me donna sans cesse profils sur profils à graver, et je m'en occupai sérieusement. —... Ces profils éternels, dit-il plus loin, dont l'occupation constante l'ennuyaient, le poussa à entreprendre le portrait de M. de Largillière. Mais comme il fallait vivre il retourna « chez le sieur Odieuvre auquel il vendit ce portrait payé, *chose remarquable*, la somme de 24 livres, nettes et claires, à condition cependant de graver pour lui encore et au même prix, le portrait du prince de Dessau et celui de Cromwell » (1).

Son ami Schmidt lui objectant un jour qu'il dépensait trop d'argent, Wille lui répond que son père lui envoie quelques petites sommes. « Et de plus, vous savez, ajoute-il, mon cher ami, que j'ai de l'ouvrage en train pour Odieuvre, pour cet homme qui paie si largement les travaux des graveurs, que plusieurs ainsi que vous, lui prodiguent des éloges équivoques et mal sonnants. Au reste, cela ne me regarde pas. Et je suis certain qu'il me sera permis, facile et agréable de fouiller dans la bourse de ce marchand d'estampes en cas de nécessité absolue. Par ce moyen je vivrai et travaillerai sans inquiétude, ce n'est-il pas consolant pour moi ? (2) » — Plus loin, il nous dit (p. 98) : « Je travaillais tantôt pour Odieuvre qui payait peu, mais payait. »

Enfin dans un autre endroit Wille s'égaie sur le compte d'Odieuvre en racontant une petite scène intéressante au sujet du portrait de Frédéric II, roi de Prusse, qu'il voulait avoir : « Mais comme je le mettais à 30 livres, ce cher marchand se lamentait et s'écriait avec énergie sur mes prétentions, mais je tenais ferme, et Odieuvre s'en alla pensant certainement que je serais heureux de le venir trouver et me contenter des 24 livres qu'il m'offrit. » — Mais Wille vendit ce portrait à M. Petit, graveur et éditeur, qui après s'être excusé de ne pouvoir le lui payer à sa valeur, lui offrit cependant 40 livres qui furent acceptées avec bonheur, comme bien on pense. — « Le surlendemain Odieuvre revint, me disant : « Allons, Monsieur, puisque vous êtes si revêche, je vous ap-

(1) Ce dernier fut gravé en juillet 1742 sous le numéro 258.

(2) Mémoires de J.-B. Wille, tome IV p. 80, vers 1742.

porte les 30 livres que vous exigez absolument et remettez-moi la planche en question, s'il vous plait. » — Je lui répondis que je n'en étais plus le maitre, que je l'avais vendue, et même avantageusement. C'était alors qu'il sautait presque au plancher, et si bien, que sa perruque jaunie par le laps des temps et peu affermie sur son crâne, se dérangea et lui couvrit presque entièrement l'œil gauche, mais qu'il remit promptement dans sa situation primitive. — Cependant il s'aperçut que je ricanais, dont il devint rouge de colère en disant : « Il faut avouer qu'il est affreux qu'un jeune homme que je crois avoir plus de mérite cette année-ci que l'année passée, et qui par là devient fier et orgueilleux qu'un marchand qui l'a toujours généreusement payé de ses médiocres travaux n'est plus digne de s'approcher de lui ! Adieu, Monsieur ! » — Adieu, M. Odieuvre, à revoir ! » — « Pas sitôt ! » répondit-il, et s'en alla (1). »

Wille grava les portraits suivants pour M. Odieuvre : Childéric II, Thierry I, Clovis III, Dagobert III, Chilpéric II, Thierry II, Childéric III, Charlemagne, Louis-le-Débonnaire, Louis-le-Bègue, Charles-le-Gros, Charles-le-Simple, Lothaire, Hugues Capet, Henri I, Philippe I et Louis-le-Gros.

Georges-Frédéric Schmidt, son ami, né à Berlin le 24 janvier 1712, élève dans cette ville de Busch et à Paris de Larmessin sous la direction duquel il travaillait « faisait, dit Georges Duplessis (2), pour l'éditeur Odieuvre plusieurs portraits qui l'aidaient à vivre et lorsqu'il eut amassé une petite somme d'argent, il résolut de graver par lui-même un ouvrage qui put lui faire honneur et lui permettre de ne pas faire acte de manœuvre. » C'est à ce moment qu'il grava le portrait de Louis de la Tour d'Auvergne, comte d'Evreux, d'après H. Rigaud (3) dont M. le Président Molle possède une copie et M. Cauët, avocat à Evreux, la gravure de Schmidt.

(1) Mémoires de J.-B. Wille, tome I, pages 69, 80 et suivantes. Paris, J. Renouard 1857.

(2) Histoire de la gravure, in-4°, Hachette 1880, p. 277

(3) « Il alla trouver Hyacinthe Rigaud, lui montra ce qu'il avait fait jusque là, et obtint facilement la faveur qu'il réclamait du célèbre peintre, celui-ci confia au jeune et ardent artiste le soin de graver le portrait du comte d'Evreux, qu'il venait de terminer, en lui disant : « Je remarque chez vous ce

Le premier ouvrage d'Odieuvre porte le titre suivant, dans un cartouche gravé par Boizot : *Portraits des personnes illustres de l'un et de l'autre sexe receuillis* (sic) *et gravés par les soins de Michel Odieuvre, marchand d'estampes, à Paris, quay de l'Ecole, vis-à-vis de la Samaritaine, à la Belle-Image.* Ces estampes commencèrent à paraître en janvier 1735. Un manuscrit de la Bibliothèque Nationale, nous donne, mois par mois, de 1735 à 1745, les noms des portraits édités par ses soins (1).

Le Mercure de France annonçait en mars 1735 : « Chez Odieuvre. En vente deux estampes, en hauteur, gravées par le sieur Jean-Baptiste Guélard, d'après deux tableaux de saint Jacques de Lyon, peintre de l'Académie, qui sont fort recherchés. Ce sont deux sujets fort singuliers. L'une est intitulée : *La Marmotte en vie* et l'autre *la Lanterne magique* avec des vers au bas. — Chez le même Odieuvre. Deux autres estampes d'un goût exquis et qui ont un fort grand débit. Ce sont : *L'Amour Moissonneur* et *l'Amour Oiseleur*, gravées par le sieur Lépicié, d'après deux tableaux du sieur Boucher, peintre de l'Académie ; avec des vers au bas du sieur Lépicié.

« La *Coquette*, l'*Econome*, la *Savante* et la *Dévote* sont les sujets des 4 belles estampes, gravées par le sieur Michel Aubert d'après le sieur Etienne Jaurat, peintre de l'Académie. — On trouve chez le même Odieuvre plusieurs collections de dessins

feu que j'aime tant chez les jeunes gens. Voici un portrait dont l'original est encore vivant. Déployez-y toutes vos forces, vous n'aurez pas sujet de vous en repentir, vous pouvez compter sur moi. » Fort satisfait du travail, H. Rigaud lui confia d'autres portraits. — *Histoire de la Gravure*, p. 277.

Une nouvelle biographie allemande dit la même chose : « Das that Schmidt Georg Friderich für Odieuvre, der in seinem Werke «l'Europe illustre» kleine Bildnisse berühmter Personen vereinte. In diesem Werke benden sich zwanzig Bildnisse, die S. gestochen hat, darunter die von Scarron, Coligny, Parrocel, J. Law, Milton, und von den hoffchonheiten, der Marquise de Sévigné. Ninon de Lenclos, der Schaufpielerin Lecouvreur, u. a. m... Nun wolte er auf eigenem Füssen stehen, und bat den berühmten Bildnissmaler H. Rigaud, nach dem er bereits für Odieuvre einige Blatter verfertigt hatte, ihm eines seiner Bilder für den Stich anzuvertrauen. Er erhielt das Portrat des Grafen d'Evreux, u. a. m. — (Allgemeine deutsche Biographie, gr. in-8, Bund 31). »

(1) Appendice.

et d'estampes des meilleurs maîtres, entre autres l'œuvre de Sébastien Leclerc, composée de 2,000 morceaux, un autre de Callot, de près de 1,200 morceaux, etc., toutes belles épreuves (1). »

On voit, d'après cet échantillon, que notre pratique normand savait user de la réclame. Le Mercure de France depuis 1735 jusqu'en 1742 présente à chaque instant des annonces semblables, ainsi que le *Journal de Verdun.*

Le second ouvrage d'Odieuvre, paru en 1738, a pour titre : *Recueil de portraits des Rois de France depuis Pharamond jusqu'a Louis XV*, dessinés d'après les médailles, par A. Boizot, peintre ordinaire du Roi et gravés par les soins de M. Odieuvre, A. P. D. R. 1738, in-4°. — Il a également un frontispice (2) de Boizot, gravé par Lépicié et 60 portraits gravés par Aveline, Duchange, C. Dupuis, N. Dupuis, Edelinck, Et. Fessard, Ficquet, Filhœul, Pinssio, Ravenet, Thomassin, C. Reys et G. Wille. Il se vend aujourd'hui de 60 à 80 francs, d'après Cohen. Théodore Graesse dans son dictionnaire bibliographique (3) en copiant notre Brunet dit qu'il y a, non pas 60 mais 65 portraits, plus celui de la reine Marie Leczinska. « On trouve quelquefois, ajoute-t il, dans ce volume, la planche représentant la pyramide dressée devant la porte du palais en 1597, celle du massacre de la Saint-Barthélemy et celle de l'assassinat d'Henri IV (4). »

(1) Page 511.

(2) Le frontispice représente deux enfants dont l'un tient une tête de mort. Au haut on lit : *Transierunt* et au bas ces vers :

« En voyant ces restes hideux
L'un s'en moque, l'autre en soupire ;
Folie, enfance, à tous les deux
Nous n'en devons pleurer ni rire. »
Mercure, juillet 1738, p. 1613.

(3) Trésor des Livr s rares et précieux. — Dresde 1864, tome V.

(4) Le Mercure de France (janvier 1739, p. 114) annonçait ainsi l'ouvrage : « Recueil de Portraits des Rois de France depuis Pharamond jusqu'à Louis XV, 1738, se vend chez Odieuvre. Ce titre se lit dans un frontispice dessiné et gravé, de très bon goût. Il ne paraît encore que Pharamond, premier Roy de France. Nous instruirons le public de la suite de ce projet, qui, à en juger par ce commencement, doit avoir un grand succès. »

Ces portraits d'Odieuvre avaient l'immense avantage de pouvoir illustrer de nombreux travaux sur l'histoire de France (1). C'est ainsi qu'on les trouve dans les mémoires de Sully, de Condé et de Commines.

Brunet s'exprime en ces termes sur les premiers : « Mémoires de Sully, mis en ordre avec des remarques, par l'abbé de l'Ecluse-des-Loges, 1745 et 1747, 3 volumes in-4°. Cette seconde édition des Mémoires de Sully est d'une lecture plus agréable que la première, mais elle ne peut tenir lieu de l'original lorsqu'on veut avoir l'ouvrage tel que l'a dicté l'auteur. Les exemplaires de ces 3 volumes dans lesquels on a inséré les portraits d'Odieuvre, sont fort recherchés et se vendent de 36 à 48 fr. » Des exemplaires en belle reliure ont été vendus 213, 280 jusqu'à 500 fr. Le nombre des portraits d'Odieuvre ajoutés est ordinairement de 27 dans le premier volume, y compris ceux d'Henri IV et de Sully, de 19 dans le second volume et de 12 dans le troisième. Il y a de plus dans quelques exemplaires deux

En janvier 1744 (p. 138), le Mercure dira : « La suite des Rois de France, qu'Odieuvre a fait graver, est finie, et il y ajoute d'autres portraits. »

Ces renseignements du Mercure concordent parfaitement avec le manuscrit de la Bibliothèque nationale et les portraits ont été réellement dessinés et gravés à la date indiquée par lui. Le recueil ne parut pas d'un seul coup, mais par fascicules, comme on fait de nos jours pour les livraisons. Il y avait un ou deux portraits par mois.

En mars 1740 (p. 553), le Mercure disait : « Il paraît chez le même Odieuvre une estampe allégorique en hauteur, où l'on voit le cardinal de Fleury au milieu de la religion, de la justice, de l'abondance et autres figures symboliques. Diogène avec sa lanterne. L'estampe est gravée par Aveline, d'après Chevalier. — Une autre estampe, sous le titre de l'*Oiseau de bon augure* de Baudouin, etc.

En août 1741 il annonce l'*Amour vendangeur* de Boucher et l'*Amour nageur* (p. 1871).

Pendant l'année 1743, Odieuvre paraît succomber sous la concurrence de Petit, son rival, marchand d'estampes et graveur lui-même. Les portraits de Petit, en effet, sont seuls annoncés dans le Mercure et cela jusqu'en janvier 1744.

(1) Dans le Mercure de France, octobre 1745, p. 105, « Odieuvre avertit le public qu'il donnera au mois de novembre prochain les portraits des grands hommes du règne de Louis XIV, qui doivent entrer dans l'histoire de ce prince, par M. Reboulet. »

grandes planches, savoir : Tome I, p. 29, le massacre de la Saint-Barthélemy et tome III, p. 240, l'assassinat de Henri IV. — Les mêmes mémoires imprimés à Londres en 1745, 8 volumes in-12, n'ont qu'un prix ordinaire, à moins que les portraits d'Odieuvre réduits ne s'y trouvent joints, dans ce cas l'ouvrage vaut de 24 à 30 fr. »

Outre les mémoires de Condé illustrés de la même façon, nous avons encore ceux de messire Philippe de Commines, par MM. Godefroy, augmentés par M. l'abbé Lenglet du Fresnoy, 1747 (1), 4 vol. in-4° avec portrait du prince Maurice de Saxe, maréchal de France, gravé par Babel. Il y a une quarantaine de portails de la suite d'Odieuvre avec une planche représentant la bataille de Montléri, gravée par Aveline et une autre pour celle de Nanci, du même graveur. Cet ouvrage s'est vendu jusqu'à 286 francs (2).

En décembre 1747, le Mercure de France disait : « Michel Odieuvre qui a publié avec beaucoup de succès les suites des Rois de France et les portraits des Grands Hommes dont il est parlé dans les mémoires de Philippe de Comines et de Sully, aussi bien que ceux de l'Histoire de Louis XIV, vient de publier la *suite des Empereurs d'Allemagne*, pour joindre avec l'Histoire de l'Empire qui va paraître en onze volumes *in-quarto*.

(1) Le Mercure de France, octobre 1746, p. 141, annonçait ainsi l'ouvrage : « La belle et magnifique édition des Mémoires de Philippe de Comines, qui va paraître, en quatre volumes (in quarto), chez le sieur Rollin, libraire, par les soins de M. l'abbé Lenglet Dufresnoy, a donné lieu au sieur Odieuvre, marchand d'estampes, rue Danjou-Dauphine, de faire graver les portraits de toutes les personnes illustres qui ont paru sous les régnes de Louis XI et de Charles VIII. — Ce ne sont pas des portraits d'imagination comme la plupart de ceux qu'on insère ordinairement dans l'histoire, tous sont tirés sur les originaux, soit tombaux, soit miniatures du temps, soit même de tableaux peints dans le siècle où ils ont vécu... Cette suite sera incontestablement l'une des plus belles de celles qu'à fait graver le sieur Odieuvre, qui continue toujours à nous donner les portraits des personnes illustres tant au royaume, que des pays étrangers.

Il y a joint même la bataille de Montléry en 1465 et celle de Nancy où fut tué Charles, dernier duc de Bourgogne en 1477. »

(2) Nos remerciements à M. E. Guillemare, chez qui nous avons pu consulter cet ouvrage, gracieusement mis à notre disposition, ainsi que H. Cohen.

Cette dernière suite, qui n'est pas moins bien exécutée ni moins nécessaire que les autres, est tirée sur les monuments les plus certains qui nous restent de ces Princes... Il vient de mettre en vente les portraits de Louis Dauphin, né à Versailles, peint par la Tour et gravé par Basan; Maurice de Saxe, peint par H. Rigaud, gravé par Sornique; Charles-Alexandre de Lorraine, gravé par Pinssio; Claude de la Trémoille, peint par A.-P., gravé par Basan; Jacques Bongars, dessiné par J. Robert, gravé par R. Gaillard; Guy-Crescent Fagon, peint par H. Rigaud, gravé par Ficquet » (1).

En août 1749 paraissait l'*Abrégé chronologique de l'Histoire de France*, par M. le président Hénault, illustré par Odieuvre d'un frontispice et de trois autres estampes : Louis XV, Jeanne Gray et feu M. Silva, médecin du Roi (2).

Des concurrents, mal intentionés, avaient probablement fait croire qu'Odieuvre cessait son commer e, car en janvier 1750, nous lisons ceci dans le Mercure : Le sieur Odieuvre avertit le public qu'il n'a point quitté son commerce d'estampes et de tableaux, comme on l'a répandu. On trouve chez lui un fort joli magasin de tableaux, d'estampes montées et en feuilles et beaucoup de dessins. Il continue avec succès la suite des portraits des personnes illustres, plus 95 pour l'Histoire de Louis XIV, 70 pour Sully et 3 estampes historiques, 58 pour Comines et estampes historiques, 72 pour l'Abrégé historique et 3 estampes, 47 pour l'Histoire d'Angleterre, etc. Il demeure rue des Postes » (3).

Pour favoriser la vente de ses portraits, Odieuvre fit imprimer son catalogue in-8 des estampes des princes, personnes illustres, savants, gravées par ses soins. C'était en 1752, et il s'intitule maître-peintre à Paris. Une autre édition in-4° parut également à Paris, mais sans date (4). Ce catalogue est aujourd'hui introuvable, la Bibliothèque nationale elle-même ne le possède pas. C'est pourquoi nous donnerons en appendice le manuscrit que possède la Salle des Imprimés.

(1) 1747 Décembre, p. 120.

(2) Mercure, août 1749 et mai 1750, p. 169.

(3) Mercure, 1750, janvier, p. 121.

(4) Georges Duplessis : Essai d'une bibliographie générale des Beaux-Arts. Paris 1866, in-8, p. 77.

Odieuvre, poursuivant toujours son idée, commandait sans cesse aux artistes profils sur profils, selon l'expression de J. G. Wille. Le *Journal de Verdun* annonçait, en effet, en 1756, l'apparition des premiers volumes de l'*Europe illustre* en ces termes :

« Vient de paraître les trois volumes de l'Europe par M. Dreux du Radier, avocat, ouvrage enrichi de portraits, gravés par les soins de M. Odieuvre (1).

... neque enim magis decorum et insigne est
Statuam habere, quam ponere.

(Plin. — Epis. lib. I, c. 17).

A Paris, chez Odieuvre, marchand d'estampes, rue des Postes, cul de sac des Vignes, faubourg Saint-Marceau et chez le Breton, imprimerie ordinaire du Roi, rue de la Harpe, 1755, petit in-4° » (2).

Voici ce que dit de cet ouvrage Charles Le Blanc dans son *Manuel de l'Amateur d'Estampes* (3) : « M. Odieuvre est particulièrement connu par la publication de l'ouvrage intitulé l'*Europe illustre*, avec des notices de Dreux du Radier, in-4°. — C'est un recueil de portraits dans lequel Odieuvre a réuni des épreuves d'anciennes planches, que souvent il s'est vu dans la nécessité de couper à cause de leur trop grande dimension : il y a joint des gravures exécutées à ses frais par de jeunes artistes de son temps, qu'il payait fort mal, mais dont il a eu le mérite de commencer la réputation : Schmidt, Wille et Baléchou sont du nombre. »

Michaud, dans son article sur M. Odieuvre écrit : « Ce qui l'a rendu célèbre, c'est la belle suite de 600 portraits de personnages, dont il a enrichi les six volumes de l'*Europe illustre* de Dreux du Radier ; Odieuvre les fit graver à ses frais et cette collection n'est pas moins remarquable par la beauté des

(1) La suite d'Odieuvre paraît : « elle consiste en huit nouveaux portraits. On les trouve chez lui. Le 3e volume de l'*Europe illustre* doit se distribuer incessamment. »
(Mercure, novembre 1755, p. 193).

(2) *Journal de Verdun*, 1756, p. 112.

(3) Paris 1856, in-8, tome II, p. 113.

planches que par le texte (1) qui accompagne chaque portrait. »

Enfin voici une appréciation moderne fournie par H. Cohen à l'article Dreux du Radier : « *L'Europe illustre*, contenant l'Histoire abrégée des souverains, des princes, des prélats, des ministres, des grands capitaines, des magistrats, des savants, des artistes et des dames célèbres en Europe, depuis le xve siècle jusqu'à présent, par M. Dreux du Radier, avocat. — Ouvrage enrichi de portraits gravés par les soins du sieur Odieuvre. — Un frontispice d'Eisen, gravé par Sornique et 600 portraits, recueil fait avec des portraits déjà connus avant sa publication et dont un assez grand nombre remontent au xviie siècle pour les gravures et au xvie pour les peintres ou dessinateurs (de 5 à 600 fr.).

« Sur les 600 portraits il y en a une centaine de fort intéressants et d'une très belle exécution (celui de Bossuet par exemple). Cet ouvrage a du prix et se vend cher. Un exemplaire en maroquin, par Derome, de l'édition sans les entourages, a été vendu 7,000 francs à la vente de Montbrison. Actuellement collection J. de Rothschild. — Brunet signale en outre un tirage en 1775 et un troisième en 1777, 6 volumes qui se vendent de 250 à 300 francs. »

Malheureusement pour Michel Odieuvre il ne vit pas l'entière réalisation de son entreprise. Son commerce l'ayant conduit à Rouen, il y mourut le 9 août 1756. Le *Journal de Verdun* (2), annonçant cette triste nouvelle, prévient ses lecteurs que le quatrième volume de l'Europe paraîtra fin décembre ou janvier 1757 et que les deux autres le suivront de près.

Michel Odieuvre eut à Paris différents domiciles qui nous sont tous indiqués au bas de ses portraits. On trouve : Odieuvre... quai de l'Ecole, vis-à-vis la Samaritaine à la belle Image, C. P. R. de 1735 à 1741. A cette époque il annonce dans le Mercure (Juillet), son changement de domicile et donne sa nouvelle adresse : rue Danjou, la deuxième porte cochère à

(1) Odieuvre payait chaque article trois livres à l'auteur des discours qui accompagnaient chaque portrait.

(Suppl. à la France littéraire, t. III, Paris, veuve Duchesne, 1778, in-12. — Note de M. E. Guillemare).

(2) 1756, décembre, p. 123.

gauche, entrant par la rue Dauphine, au premier appartement. — Ensuite, rue des Mathurins, chez M. Joubert, enfin vers 1750, rue des Postes, cul de sac des Vignes, faubourg Saint-Marceau, dernière résidence de notre actif compatriote avant son départ pour Rouen.

Une affaire l'ayant appelé dans cette ville, il y partit avec deux de ses amis, Messieurs Chargoit et Thurin, au commencement d'août. A peine descendu à l'auberge de la *Barde royale* il y tomba si gravement malade qu'on eut à peine le temps d'aller chercher un prêtre, non à la paroisse, mais au couvent des Cordeliers, plus proche que l'église. Il fut administré par le frère Ollivier qui, pour ce motif, voulut assister à son inhumation (1).

L'office eut lieu le 9 août, dans l'église de Saint-Etienne-des-Tonneliers (2), qui se voit encore de nos jours dans la rue de ce nom, près de la rue Grand-Pont.

Quelques années avant la Révolution une autre importante publication utilisait les portraits de Michel Odieuvre dans un ouvrage intitulé : « Histoire de France depuis l'établissement de la Monarchie jusqu'à Louis XIV, par l'abbé Velly, Paris, Saillant, Nyon et Desaint 1770-1789. — 17 volumes in-4° de texte, auxquels se joignent 8 volumes in-4° de planches ou portraits, sous le nom de *Collection des Portraits des Hommes illustres* jusqu'à Louis XIV, 1778-1785. — Les portraits d'après

(1) Eglise Saint-Etienne-des-Tonneliers, de Rouen. — Inhumation de M. Odieuvre.

Ce jourd'huy lundi neufvième jour d'aoust mil sept cens cinquante-six, a été inhumé dans le cimetière, par M. le Vicaire, le corps de Michel *Odieuvre*, maitre peintre, âgé d'environ 70 ans, décédé d'hier dans l'auberge ou pend pour enseigne la barde royale, ce qui a été attesté par messieurs Jacques *Thurin* et Jean-Baptiste *Chargoit*, tous deux bourgeois de Paris, amis du deffunt, soussignés.

Signé : B. Chargoit, J. Thurin et A. Gervais, Vic.
Frère Ollivier, *Prestre cordelier*.

Nous offrons nos sincères remerciements à M. l'abbé Vacandard, 1er aumônier du Lycée Corneille, ainsi qu'à M. Poullain, archiviste de la mairie, qui ont bien voulu rechercher cet acte dans les registres des 38 paroisses de Rouen.

(2) Elle sert aujourd'hui de magasin.

Boizot, Mireveldt, Titien. Vertue, etc., gravés par Flipart, François, Gaillard, Wille, etc., avaient servi pour la plupart dans l'*Europe illustre* ou ailleurs » (1). — Mais l'éditeur, afin de donner plus d'intérêt à sa publication, par une apparence de nouveauté, fit gratter au bas des planches ces mots : *Paris chez Odieuvre, marchand d'estampes*, etc.

D'autres ouvrages se sont probablement illustrés de la même manière, car nous n'avons pas la prétention de les énumérer tous. En donnant les plus remarquables, ceux qui ont encore aujourd'hui une réelle valeur, nous avons seulement voulu faire ressortir l'importance capitale de l'œuvre entreprise par Michel Odieuvre. Il ne fut pas, en effet, un vulgaire marchand d'estampes, mais dominé par une idée unique, portraitiste avant tout, il mène son œuvre à bonne fin malgré les obstacles, encourage de véritables artistes, les sauve de la misère en les payant peu, il est vrai, mais les payant exactement, et arrive ainsi à se faire un nom dans l'histoire de la gravure au XVIIIe siècle. Il sera célèbre par ces trois grands ouvrages qui sont bien son œuvre personnelle : le recueil des portraits des personnes illustres, celui des Rois de France et enfin le couronnement de toute sa vie : la réunion des 600 portraits, gravés par ses soins, dans l'EUROPE ILLUSTRE.

(1) H. Cohen, p. 490.

APPENDICE

Suite des Portraits que M. Odieuvre a commencé de mettre au jour, en Janvier 1735

PORTRAITS

Les titres sont :

Les deux Enfans et la Teste de mort 1.
Recueil V· Rois V· sur une draperie 2.
Portraits. Personnes illustres dans un cartouche.
Un évêque dans le ciel 1.
Aux amateurs, discours de trois feuilles 3.

Entre les dits portraits il y en a neuf gravés par le sieur Schmit, savoir : Le Roy de Prusse, Charles XII, Scaron, Law, Parossel, l'abbé Bignon, Mme de Sévigné, Mlle Le Couvreur, Ninon Lenclos.

JANVIER

1 Louis XIV.
2 Louis XV.
3 La reine, femme de Louis XV.
4 Le Roy Stanislas.

FÉVRIER

5 Le Prince Eugène.
6 La Czarine régnante.

MARS

7 L'Electeur de Saxe.
8 Le Père Avrillon.

AVRIL

9 Boileau.
10 Molière.

MAY

11 Racine.

JUIN

12 Descartes.

13 Don Carlos.

JUILLET

14 Le cardinal de Fleury (peint par Rigaud, d'après le Mercure, gravé par C. Roy). (1)

15 Le Roy de Sardaigne (peint par la Florentina, peintresse à Turin, gravé par C. Roy).

16 Antoine Arnault (peint par J.-B. Champagne, gravé par P. Dupin).

17 Claude, ministre (peint par M. Laurent, gravé par P. Dupin).

AOUST

18 Le Cardinal de Polignac.

19 Le Cardinal de Rohan.

20 Nicole.

21 Pascal.

22 Le Sage.

PAGE 2 — 1735 — SEPTEMBRE

23 La Fontaine.

24 Pierre Corneille.

25 Lock.

26 Bernouly.

27 Leclerc.

28 Simonneau

29 Anna-Maria Vaiani.

30 Vorginra de Vero Vellezo.

OCTOBRE

31 Newton.

32 Voltaire.

33 Le Cardinal du Bois.

34 Fénélon.

35 Père Mersenne.

36 Hérault.

37 Beline.

(1) Les notes entre parenthèses sont toutes tirées du Mercure et ajoutées par nous au manuscrit pour le compléter.

38 Baron.
39 Le Brun.
40 Daillé.

NOVEMBRE

41 De Turenne (Indiqué dans le Mercure, même date, p. 2,461).
42 De Vendôme » » » »
43 D'Argenson » » » »
44 De la Motte » » » »

DÉCEMBRE

45 Desjardins.
46 Thomas Corneille.
47 Anna-Marie Scurman.

PAGE 3 — 1736 — JANVIER

48 Bossuet.
49 Le Czar Pierre 1er.
50 Catherine-Alex., sa femme.

FÉVRIER

51 La Reine de Suède, Christine.
52 Chereau, graveur du Roy.

MARS

53 Bayle } Le Mercure les indique en avril, p. 769.
54 Girardon }

AVRIL

55 Alberoni, Cardinal.
56 Fontenelle.

MAY

57 Languet, archevêque de Sens.
58 Lafosse, peintre.

JUIN

59 D'Argouge.
60 Vouet, peintre.

JUILLET

61 Le Régent.
62 Mellan.

AOUST

63 Magdelaine Corrina.
64 St-Evremond.

SEPTEMBRE

65 Le P. Mallebranche (Le Mercure l'indique en novembre, peint par Santène et gravé par Elisabeth Marlie Lépicié, p. 249).

66 Le P. Savonarolle (Gravé par Odieuvre ; le Mercure ajoute : C'est par erreur qu'on a donné Odieuvre comme graveur).

OCTOBRE

67 Fléchier (peint par Rigaud, gravé par Elisabeth Marlie Lépicié).

68 La Bruyère (peint par de St-Jean, gravé par Elisabeth Marlie Lépicié, p. 249).

NOVEMBRE

69 Frescobaldi (Frescodalbus d'après le Mercure ; dessiné et gravé par C. Mellen).

70 Le P. Heuneuvre (Hayneuve d'après le Mercure, jésuite, p. 2,531.

DÉCEMBRE

71 Vintimille (dessiné par Boissot, gravé par François Ravenet).

72 Le P. Quesnel.

P. 4 — 1737 — JANVIER

73 Rosaalba.

74 Wateau.

FÉVRIER

75 Ste Marthe.

76 Menard de la Noe.

MARS

77 Me de la Valière.

78 Sully.

Le titre du 1er volume.

AVRIL

79 Le Roy d'Espagne (Le Mercure à la même date dit : gravé par Simoneau).

80 Quinaut (Le Mercure à la même date dit : gravé par Sornique, p. 765).

MAY

81 Raphaël Meniencius.

82 Bernard Picart.

Juin

83 Ninon l'Enclos.

84 Henriette Princesse.

Juillet

85 Noailles, Cardinal.

86 Maréchal de Villars.

87 Maréchal p. chirurgien.

Aoust

88 Maintenon, princesse d'Aubigny.

89 Thévenard.

Septembre

90 Du Bosc, ministre.

91 Scaron.

Octobre

92 Charles VII.

93 Vincent de Paule.

94 Mlle Le Gras.

Novembre

95 Anne d'Autriche (peint par Vanloo, gravé par Schmidt, Mercure d'Octobre, p. 2,245).

96 Gabriel Naudé (dessiné et gravé par Claude Mellon, Mercure d'Octobre, p. 2,245).

97 Le chevalier de Mouy (de Mouhy, peint par Latinville, gravé par Fessard, Mercure d'Octobre, p. 2,245).

Décembre

98 Santeuil.

99 Mazarin, Cardinal.

100 Blandœur, médecin.

P. 5 — 1738 — Janvier

101 L'abbé Bignon.

102 Mme Sévigné.

103 L'abbé Fleury.

104 Périchon.

Février

105 Le P. Sanadou.

106 Des Houllières.

107 Vereure, peintre de batailles.

MARS

108 L'Empereur (de Pasqueti, gravé par Ravenet, Février, p. 319).
109 Duchange, graveur (peint par Vanloo, gravé par Dupuis, Février, p. 319).

AVRIL

110 Parossel, peintre de batailles (peint par Rigaud, gravé par Schmidt).
111 Mlle Le Couvreur (de Fontaine, gravé par Schmidt).
112 Milton (gravé par Schmidt).

MAY

113 Le Père Yves.
114 Rousseau.
115 Voltaire, 2me portrait.

JUIN

116 De Peiresc (par Mellen, Mai, p. 956).
117 Le Camus, Évêque (par Mellen, Mai, p. 956).
118 Clément Marot (d'Olbens, gravé par Sornique).
119 Benoist Audran (de Vivien, gravé par Audran).
Saint François de Sale.

Collection de Portraits de Peintres, Sculpteurs et Architectes

JUILLET

120 Titien Vecelli, peintre (gravé par R. Lochon, Juillet, p. 1,613).
121 De Crillon, Évêque d'Uzès (gravé par Mellen, Juillet, p. 1,613).
122 Polidore Caldera Carravage (de Poussin, gravé par Clouet, Juillet, p. 1,613).
123 Poussin.
124 Idem.
125 Breughel, surnommé le Vieux-Peintre.
126 Golius.
127 Lanfranc (le chevalier Jean Lanfranc, gravé par Randon).
128 Balthazar Perruzzi.
129 Vandeck (gravé par Daulé).
130 Idem.
131 Algarde (gravé par Vallet).
132 Holbein.
133 Barbieri dit Guerchin (gravé par Clouvet).
134 Longeuil de Maisons (gravé par Mellen).

135 Le Boutillier, archevêque de Tours (gravé par Mellen).
136 André del Sarte.
137 Dominique Fontana.
138 Idem.
139 Annibal Carache (gravé par A. Clouet).
140 Augustin Carache (gravé par Simon).
141 Barthelemi, surnommé Baccio Bandinelli.
142 Baroche (gravé par Simon).
143 Reimbrant (gravé par Evrard, Juillet, p. 1,613).
144 Raphaël Sanzio.
145 Philaras, savant grec de nation (par Mellen, Juillet, p. 1,613).
146 Séguier (par Mellen, Juillet, p. 1,613).
147 Henry de Même, président, mort en 1550 (par Mellen, Juillet, p. 1,613).
148 Mathieu Molé, président, mort en 1656 (par Mellen, Juillet, p. 1,613).
149 Duquesnoy, dit le Flamand, sculpteur (gravé par Randon).
150 Le P. Coesanne, général des Capucins (gravé par Mellen).
151 Lucas de Leyde (p. 7 du manuscrit).
152 Rubens (gravé par Lochon).
153 Idem.
154 Michel Ange Mérigi dit Carravage (gravé par Baudet).
155 Michel Ange Buonarotti.
156 Dominique Zampieri, dit le Dominicain (gravé par Randon).

Aoust

157 Duc de La Rochefoucault (gravé par Petit, p. 1,801).
158 Coligny, amiral (gravé par Schmidt, p. 1,801).
159 De Vauban, maréchal (gravé par N. Dupuis, p. 1,801).

Septembre

160 Gerard Audran (de Coizevox, gravé par N. Dupuis, Octobre, p. 2,232).
161 Mlle Lavigne (née à Vernon, peinte par Ferdinand, gravée par Schmidt).

Octobre

162 Richelieu, cardinal (de Nanteuil, gravé par Sornique, Novembre, p. 2,448).
163 Languet, curé (de Gergy, dessin de Chevalier, gravé par Petit, p. 2,448).

NOVEMBRE

164 Newton, d'après messire Roltiers.

165 Mellen, gravé par lui-même.

DÉCEMBRE

166 Boerhave, médecin.

167 Le Roy de Prusse.

1739 — JANVIER

168 Puget (peint par son fils, gravé par Dupuis, Décembre 1738).

169 Marchand, organiste (gravé par Dupuis, Décembre 1738).

170 Pharamond, 1er Roy de France, mort en 428. (Annonce du recueil des Portraits des Rois 1739, Janvier, p. 41).

FÉVRIER

171 Clodion, 2e Roy de France, mort en 448 (1) (de Boizot, gravé par Ravenet, Février, p. 339).

172 Pittard, pe chirurgien de Saint-Louis (de Dupuis, gravé par Ravenet, Février, p. 339) (2).

MARS

173 Mérovée, 3e roy de France, mort en 458 (p. 8 du manuscrit).

174 Le P. Le Quien Jacobin (de Boizot, gravé par Dupuis ainsi que Mérovée, p. 538).

AVRIL

175 Childéric, 4e roy de France, mort en 481 (de Boizot, gravé par Dupuis).

176 Duguay-Trouin (gravé par Petit).

MAY

177 Clovis, 5e roy de France, mort en 511 (de Boizot, gravé par Dupuis, p. 1,009).

178 Law (de Rigaud, gravé par Schmidt, p. 1,009).

JUIN

179 Childebert Ier, 6e roy de France, mort en 558 (de Boizot, gravé par Ravenel, p. 1,367).

(1) D'après le Mercure, les rois de France, en grande partie, ont été dessinés par Boizot et gravés par les Dupuis, Ravenet, Petit, Wille, etc.

(2) Le Mercure ajoute : Le même Odieuvre débite les éléments en rond d'après les tableaux originaux de l'albane, gravés par Larmessin, Chereau, Jaurat et Hérisset.

180 Rollin de l'Université (gravé par Dupuis, p. 1,367).

JUILLET

181 Clotaire Ier, 7e roy de France, mort en 561 (de Boizot, gravé par Duchange, p. 1,620).
182 M. Carles Vanloo (Anne-Antoinette-Christine Somis, épouse de Carles Vanloo, peinte par Vanloo fils, gravée par Dupuis).

AOUST

183 Cherebert, 8e roy de France, mort en 570 (c'est Caribert, de Boizot, par Duchange, p. 1,833).
184 Thomas Kouliken (de Riquart, gravé par Dupuis).
185 P^e Aretin.

SEPTEMBRE

186 Chilpéric, 9e roy de France, mort en 584 (Le tome IV du Mercure manque à la collection de Rouen et à Paris : les années 1738, 39, 40, 41, 42 et 1743).
187 Mazarin, Cardinal.
188 Cassini.

OCTOBRE

189 Clotaire II, 10e roy de France, mort en 628.
190 Venceslas Hollar.
191 Regnault de Segrais.

NOVEMBRE

192 Dagobert, 11e roy de France, mort en 698.
193 Blaize de Monluc.
194 Callot.
Clovis II, 12e roy de France, 655.

DÉCEMBRE

195 Thyerry, 15e roy de France, 670 (p. 9 du manuscrit).
196 Champagne, peintre.
197 Machiavel, florentin.
198 Paracels.

1740 — JANVIER

199 Childéric II, 14e roy de France, 673 (de Boizot, gravé par J.-G. Wille).
200 Malherbe (de Dumontier, gravé par C. E.)
201 De Toiras (de L. E., gravé par D. E.)
202 Me Cornuel (de Ferdinand, gravé par Fessard).

FÉVRIER

203 Clotaire III, 13e roy de France, mort en 668 (de Boizot, gravé par Aveline, p. 328).

204 De Catinat, maréchal (gravé par J.-G. Wille, p. 328).

205 Pompone de Bellièvre.

MARS

206 Clovis III, 16e roy de France (de Boizot, gravé par J.-G. Wille, p. 553).

207 Jérome Bignon (de Dupuis, gravé par J.-G. Wille, p. 553).

208 Le P. Ange de Joyeuse.

AVRIL

209 Dagobert II, 18e roy de France (de Boizot, gravé par J.-G. Wille, p. 743).

210 Holbein, gravé par Hollar (gravé à l'eau forte par Wenceslas Hollar, p. 743).

211 Copernic.

212 Tycobrahé.

MAY

213 Childebert II, 17e roy de France (de Boizot, par Aveline, p. 972) (1).

214 D'Amboise, cardinal.

215 De la Lande, musicien (de Santerre, gravé par Mathey, p. 972).

216 Thomaso Anello, dit Masaniello.

JUIN

217 Chilpéric II, 19e roy de France (p. 10 du manuscrit, de Boizot, gravé par Schmidt).

218 Charles de Bourbon, conétable.

219 Amyot, Jacques, évêque.

JUILLET

220 Thierry II, 20e roy de France (de Boizot, gravé par Aveline, p. 1,819).

221 Goutant de Biron.

(1) Le Mercure annonce en outre le portrait de Louis de la Tour d'Auvergne, comte d'Evreux, gravé par Schmidt, dont nous avons parlé plus haut.

Aoust

222 Clovis II, 12e roy de France (Gravé par Duchange, Août, p. 1,819).

223 Bayar, le chevalier.

Septembre

224 Childéric III, 21e roy de France (de Boizot, gravé par Wille, p. 2,069).

225 Comte d'Aletez (gravé par Mellen, p. 2,069).

226 Pâquier, Etienne, avocat général, (gravé par L. Gaultier, p. 2,069).

Octobre

227 Pépin, dit le Bref, 22e roy de France (de Boizot, gravé par Aveline, p. 2,283).

228 Marini, J.-B., dit le cavalier marin.

Novembre

229 Charle-Magne, 23e roy de France (de Boizot, gravé par Wille, p. 2,516).

230 Comte de Tilly.

Décembre

231 Louis Ier, dit le Débonnaire, 24e roy de France.

232 Frédéric Henri, prince d'Orange.

P. 11 — 1741 — Janvier

233 Charles II, dit le Chauve, 25e roy de France (de Boizot, gravé par Aveline, Décembre 2,916).

234 Cinq-Mars (Cinq-Mars, de A.-H., gravé par Daret, Décembre 2,916).

235 L'abbé Le Gendre.

236 Théodore de Beze, ministre de Genève.

Février

237 Louis II, dit le Bègue, 26e roy de France (de Boizot, gravé par Wille).

238 Le duc de Bukingham.

239 Longueval, comte de Buquoy.

Mars

240 Louis III, dit Carloman, 27e roy de France.

241 Grégoire Lopez, espagnol.

242 Barthélémy Tremblet, sculpteur du roy.

243 Catherine de Seine, épouse de Dufresne.

Avril

244 Charles III, dit le Gros, 28e roy de France (de Boizot, gravé par Wille).

245 Souanin, évêque de Senès.

246 Le Pe de Monfaucon (gravé par Tardier).

247 Aristote.

May

248 Eudes, 29e roy de France (1) (de Boizot, gravé par Fessard, p. 1,740).

249 Louis, dauphin de France (de Tocque, gravé par Balochon, p. 1,740).

250 Henri de Harcourt, maréchal de France (de Rigaud, gravé par Chereau, p. 1,740).

251 Duperon, cardinal, Jacques David.

Juin

252 Charles IV dit le Simple, 30e roy de France (de Boizot, gravé par Wille).

253 La Valette, cardinal.

254 Evêque de Montpellier.

255 Mézeray, historien.

P. 12 — *Suite des Portraits 1741* — Juillet

256 Raoul, 31e roy de France (de Boizot, gravé par Aveline).

257 Henry Ier, duc de Montmorency (gravé par Fessard).

258 Cromwel (de Lombard, gravé par Wille).

259 François Robichon de la Guérinière, tenant académie à monter à cheval.

Aoust

260 Louis IV, dit d'Outremer, 32e roy (de Boizot, gravé par Fessard, p. 1,871).

261 Marie Stuard, reine d'Ecosse.

262 Pierre-François Le Couroyer de Sainte-Geneviève.

263 Henri de Lorraine, duc de Guise, dit le Balafré (de Dumontier, gravé par Dupuis, p. 1,871).

Septembre

264 Lothaire, 33e roy.

(1) En avril, le Mercure annonçait chez Odieuvre : « Trophées de chasse en six pièces en hauteur, dessinées par C. Huet et gravées par Guelard ».

265 Jean-François de Gondy, premier archevêque de Paris.
266 René Pucelle, conseiller au Parlement de Paris.
267 Nicolas de Largillière, peintre du roy.

Octobre

268 Louis V, dit le fainéant, 34e roy.
269 Philippe-Emmanuel de Lorraine, duc de Mercœur.
270 Philippe Cospean, évesque de Lizieux en 1637.
271 R. d'Aubert de Vertot, abbé, de l'académie des belles-lettres.

Novembre

272 Hugues, dit Capet, 35e roy (de Boizot, gravé par Wille, p. 2,457).
273 François-Henry de Montmorency, duc de Luxembourg, maréchal de France (de Rigault, gravé par Tardieu).
274 Louis Antoine, cardinal de Noailles.
275 Jean de Laloüette, maître de musique de Notre-Dame (de Ferdinand, gravé par Tardieu).

Décembre

276 Robert, 36e roy (de Boizot, gravé par Fiquet).
277 Louis XIV, vers la fin de sa vie.
278 Louis Servin, avocat général.
279 Louis de Verdun, architecte du Roy.

P. 13 — *Suite des Portraits* — 1742 — Janvier

280 Henri Ier, 37e roy de France (de Boizot, gravé par Wille).
281 Martin Harpertz Tromp, amiral de Hollande.
282 Hortense Mancini, duchesse de Mazarin.
283 Petrus Gassendus prepositus Ecclesiæ dimiensis.
284 Le P. Joseph de Paris, capucin.
285 Antoine Coizevaux, sculpteur du Roy (de Rigaud, gravé par Mathey).

Février

286 Philippe Ier, roy de France, 38e roy.
287 Louis II, prince de Condé.
288 Michel de l'Hôpital, chancelier de France.
289 Léopold, prince d'Anhalt Dessau.
290 }
291 } Pierre, Cardinal de Bérulle, deux portraits.

MARS

292 Louis VI, dit le Gros, 39e roy de France.
293 Denis Petau, jésuite.
294 Michel Adriensz de Ruyter, lieutenant général de Hollande.
295 Agatha Castillonea uxor domini de Marolles, etc.

AVRIL

296 Louis VII, dit le Pieux, 40e roy de France.
297 François-Louis de Bourbon, prince de Conty.
298 Michel le Masle, Prieur des Roches de Longpont, N.-D. des Champs, chantre et chanoine de l'Église de Paris, secrétaire du cardinal de Richelieu.
299 Jean Warin, graveur général des monnayes de France et des médailles du roy.

MAY

300 Philippe II, dit Auguste, 41e roy de France.
301 Louis Maimbourg, jésuite.
302 Nicolas Bernier, musicien.
303 Marie-Magne Pioche de la Vergne, comtesse de la Fayette.

JUIN

304 Louis VIII, 42e roy de France, dit Lyon ou de Montpensier, père de Saint-Louis.
305 Gilles Ménage, avocat à Angers, pair au Parlement de Paris, auteur de plusieurs ouvrages.

JUILLET

306 Louis IX, 43e roy de France, Saint-Louis.
307 Christian Wolff, Proffesseur de mathématiques et des académies de Paris et de Berlin.

AOUST

308 Philippe III, dit le Hardy, 44e roy de France.
309 Nicolas Brulart de Sillery, chevalier de France.
310 Louis-Alex. de Bourbon, comte de Toulouse.
311 Françoise-Marguerite de Sévigné.

P. 14 — *Suite des Portraits 1742 et 1743* — SEPTEMBRE

312 Philippe IV, dit le Bel, 45e roy de France.
313 Gabrielle d'Estrées, duchesse de Beaufort.
314 Barthelemy Fernandez, dit des Martirs.

Octobre

315 Louis IX, dit Hutin, 46e roy de France.
316 Bernard de Nogaret, duc d'Espernon.
317 Guillaume Godefroy Leibnitz.
318 Corneille Berghem, peintre.

Novembre

319 Philippe V dit le Long, 47e roy de France.
320 Henry de Bourbon, duc de Montpensier.

Décembre

321 Charles IV, dit le Bel, 48e roy de France.
322 Le Bouthillier de Rancé, abbé de la Trappe.

1743 — Janvier

323 Philippe VI, dit de Valois, 49e roy de France, mort en aoust 1350.
324 Timoléon de Cossé, comte de Brissac, mort en 1569.
325 Charles de Cossé, comte de Brissac, mort en 1563.
326 Michel Nostradamus, médecin, mort en juillet 1566.
327 Jean de la Fontaine, né le 8 juillet 1621, mort le 13 mars 1695.

Février

328 Jean Ier, 50e roy de France, mort à Londres le 8 avril 1363.
329 Charles V, 51e roy de France, mort le 16 septembre 1386.
330 Catherine de Médicis, reine de France, morte à Blois le 6 juin 1579.
331 François le Fort, général, amiral et 1er ministre de Pierre 1er, Czar de Russie.
332 René Boudier, Ecuyer, Sr de la Pousselinière,

Mars

333 Charles VI, 52e roy de France, mort le 21 octobre 1422.
334 Charles XII, roy de Suède, mort le 11 décembre 1718.
335 Marguerite de Valois, reine de Navarre, morte le 27 mars 1615.
336 Louis de Grenade, religieux dominiquain, mort en décembre 1588.
337 Marie-Anne de Chateauneuf, ditte Duclos, comédienne, née en 1655.

AVRIL

338 Charles VII, 59e roy de France, mort le 22 juillet 1461.

339 Gustave-Adolphe, roy de Suède, tué le 16 novembre 1632 à la bataille de Lutzen.

340 Marie-Thérèse, reine de Hongrie, née le 13 may 1717.

341 François de Bassompierre, maréchal de France, mort le 12 octobre 1646.

MAY

342 Louis XI, 54e roy de France, mort en aoust 1483.

343 Jeanne d'Albret, reine de Navarre, morte à Paris en juin 1572.

344 Charles VII, empereur, né de Bavière, aoust 1697, couronné empereur le 12 février 1742.

JUIN

345 Charles VIII, 55e roy de France, mort en 1498.

346 L'abbé du Guet, mort en 1733.

347 Nicolas Lewenberg, du canton de Berne.

P. 15 — *Suite des Portraits 1743* — JUILLET

348 Louis XII, 56e roy de France, mort en juin 1462.

349 Guillaume du Vair, évêque de Lisieux, chancellier, mort en 1621.

350 Pierre Ronsard, poète, du Vendemois, mort en septembre 1585.

AOUST

351 François Ier, 57e roy de France, mort le 30 mars 1547.

352 Henry II, 58e roy de France, mort le 9 juillet 1559.

353 François II, 59e roy de France, mort en 1560, à 18 mois de règne.

354 Henry II, duc de Montmorency, maréchal de France, mort en 1595.

355 Axel Oxenstierna, chancellier de Suède, sous Gustave et Christine.

SEPTEMBRE

356 Charles IX, 60e roy de France, mort en 1574.

357 Henri IV, 62e roy de France, mort le 14 may 1610.

358 Charles II de Cossé, duc de Brissac, mort en 1621.

359 Artus de Cossé Brissac, etc., mort en 1581.

360 Louis Berrier, secrétaire du conseil et directeur des finances.

Octobre

361 Henry III, 61e roy de France, mort en 1689.

362 Louis XIII, 63e roy de France, mort en 1643.

363 Mehemet Effendy, ambassadeur turc, en 1721.

364 S. Said Pacha, ambassadeur turc, en 1742.

365 Pierre Guyot, abbé des Fontaines, né en 1685.

Novembre

366 Marie de Médicis, reine de France, morte le 3 juillet 1642.

367 Mag[ne] de Scudéri, morte le 2 juin 1701, à 95 ans.

368 Pierre de Bourdeille, seigneur de Brantôme, mort le 15 juillet 1614.

Décembre

369 Jean-Pierre Guignon de Turin, roy des violons.

370 Archange Corelli, fameux violon et musicien, mort en 1713, à 60 ans.

1744 — Janvier

371 Eliz Petrowa, impératrice de Russie, czarine, fille de Pierre Ier, née décembre 1710.

372 Sébastien le Nain de Tillemont, mort en 1698.

373 Alexis-Simon Belle, peintre du Roy, mort en novembre 1734.

374 Nicolas-Henri Tardieu, graveur ordinaire du Roy, né 15 janvier 1674.

Février

375 Adrien Baillet, mort en 1706 (gravé par Fessard, d'après le Mercure, Mars).

376 J.-B. Colbert, mort en 1683 (gravé par Pinssio, Mercure, Mars, p. 557).

377 Martin Luter, mort en 1546 (gravé par Pinssio, Mercure, Mars, p. 557).

Mars

378 Roger de Rabutin, mort en 1693, comte de Bussy, etc. (gravé par Gaillard).

379 Goibaut, Sr du Bois, de l'Académie française, mort en 1694 (gravé par Pinssio).

Avril

380 Me Louise d'Orléans, duchesse de Montpensier, morte à Paris, 1693.

381 Charles le Hardy, dernier duc de Bourgogne, tué en 1474.

P. 16 — *Suite des Portraits 1744* — May

382 Charles-Frédéric III, roy de Prusse, Elec[r] de Brandebourg, né 24 janvier 1712.

383 Jean Bernouilli, professeur en mathématiques, né à Basle en 1667.

384 Benoît Spinosa, d'Amsterdam, né en 1692, mort en 1677.

Juin

385 Benoît XIII Ursini, mort en février 1730.

386 Mme la duchesse de Longueville, morte le 15 avril 1679.

Juillet

387 Du Plessis Mornay, mort en novembre 1623.

388 Maximillien de Béthune, mort le 21 décembre 1641.

389 Le cardinal de Fleury et Diogène.

Aoust

390 Bernin, communément appellé le cavallier Bernin, mort en 1680.

391 Le comte d'Harcourt, Henry de Lorraine, mort en 1666.

Septembre

392 La Mothe le Vayer, mort en 1672.

393 Scévole de Ste Marthe, mort en 1623.

Octobre

394 Dom Jean Mabillon, mort en décembre 1707, à 76 ans.

395 Hyac[e] Rigaud, peintre célèbre, mort en décembre 1743, à 80 ans.

Novembre

396 Etienne de Lorraine, grand duc de Toscane, mary de la reine de Hongrie, né en 1708.

397 } Ambroise Daré. 1er chirurgien des Rois Henry II, Fran-
398 } çois II, Charles IX et Henry III, mort en décembre 1690.

Décembre

En décembre il n'y a eu que les portraits répétés de Jean Pitard et d'Ambroise Daré, rajustés en bordures quarées pour ceux qui veulent les mettre dans les volumes de l'histoire de la chirurgie.

1745 — Janvier

399 Le maréchal du Bourg, mort en 1739.

400 Louis Racine, de l'Académie des Inscriptions et Belles-Lettres.

Février

401 Guillaume Vavasseur, premier chirurgien de François Ier.

402 Lanfranc, professeur en chirurgie de Paris, au troisième siècle.

Mars

403 Madame Dacier, morte en aoust 1720.

404 Le comte de Montecuculi, général des troupes de l'Empereur.

Le manuscrit s'arrête à cette date malheureusement. C'est un petit cahier cartonné qui porte sur la couverture ces mots : « *Liste des Portraits contenus dans le paquet ci-joint.* » Et au revers, on lit ceci : « *Les 4 vers pour le portrait de Ninon Lenclos, par St-Evremond sont icy avec son portrait, avec les portraits de Reines et autres femmes.* » (1) Le catalogue, d'après M. Henri Bouchot, est de la main du scribe du cabinet des Estampes, sous la direction de Joly, garde du dépôt.

(1) Bibliothèque Nationale, Imprimés 8° V/36 (1304 bis).

www.ingramcontent.com/pod-product-compliance
Lightning Source LLC
LaVergne TN
LVHW012018160826
845678LV00002B/902

* 9 7 8 2 3 2 9 6 6 5 0 9 2 *